MANUEL DE L'INVENTEUR

CONTENANT

LA LOI FRANÇAISE DU 5 JUILLET 1844

SUR LES

BREVETS D'INVENTION

Les Lois et Décrets qui l'ont suivie

ET

L'INTERPRÉTATION PRATIQUE DES LÉGISLATIONS ÉTRANGÈRES

PAR

BLÉTRY FRÈRES

Conseils en matière de Brevets d'invention.
Membres de la Société des Ingenieurs civils, de la Société
des anciens élèves des Arts et Métiers.
De la Société d'Encouragement pour l'Industrie nationale, etc.

Prix : 1 franc

4e ÉDITION

PARIS

GAUTHIER-VILLARS
SUCCESSEUR DE MALLET-BACHELIER
Quai des Augustins, 55.

CHEZ LES AUTEURS
OFFICE DES BREVETS D'INVENTION
Boulevard de Strasbourg, 2.

MANUEL

DE L'INVENTEUR

FRANCE
OFFICE DE BREVETS & PATENTE
BLÉTRY FRÈRES
INGÉNIEURS CIVILS
Boulevard de Strasbourg
PARIS

MANUEL
DE L'INVENTEUR

CONTENANT

LA LOI FRANÇAISE DU 5 JUILLET 1844

SUR LES

BREVETS D'INVENTION

Les Lois et Décrets qui l'ont suivie

ET

L'INTERPRÉTATION PRATIQUE DES LÉGISLATIONS ÉTRANGÈRES

PAR

BLÉTRY FRÈRES

Conseils en matière de Brevets d'invention,
Membres de la Société des Ingénieurs civils, de la Société
des anciens élèves des Arts et Métiers,
De la Société d'Encouragement pour l'Industrie nationale, etc.

4e ÉDITION

PARIS

GAUTHIER-VILLARS
SUCCESSEUR DE MALLET-BACHELIER
Quai des Augustins, 55.

CHEZ LES AUTEURS
OFFICE DES BREVETS D'INVENTION
Boulevard de Strasbourg, 2.

PRÉFACE

DE LA PREMIÈRE ÉDITION

Les Brevets d'Invention, véritables contrats passés entre la société et les inventeurs, ont un but multiple : hâter la marche du progrès, mettre en lumière les efforts constants du génie humain, contribuer dans une large mesure à l'élévation du niveau scientifique et industriel des peuples, tout en provoquant, par les privilèges qu'ils garantissent, une salutaire émulation parmi ceux que les aptitudes de leur esprit vouent d'une façon plus spéciale à des études approfondies et à la recherche pratique de tout ce qui peut concourir à l'amélioration de la vie sociale.

D'après les lois en vigueur dans presque tous les États d'Europe et d'Amérique, et suivant des conventions intervenues entre ces pays, l'auteur d'une découverte peut, pour un temps plus ou moins long, s'en assurer par des brevets la propriété exclusive.

C'est dans l'espoir d'être utiles aux inventeurs, promoteurs principaux du progrès industriel, que nous publions le présent *Manuel*, en vue de leur rendre familières les dispositions fondamentales qui, en France et à l'Étranger, réglementent les brevets, patentes ou privilèges, et de les éclairer sur les garanties et les obligations qui en résultent.

Nous donnons d'abord le texte complet de la loi française, en faisant suivre certains articles de commentaires destinés à en faciliter l'intelligence, et d'exemples, s'il est nécessaire.

Après quoi, nous nous livrons à une interprétation succincte et pratique des législations étrangères.

PRÉFACE

DE LA DEUXIÈME ÉDITION

Depuis la première édition de notre *Manuel*, l'Invention a fait marcher à pas de géant l'Industrie, l'Agriculture et les Arts.

Les Expositions de Vienne, de Philadelphie, de Paris, de Bruxelles ont attesté avec éclat l'inépuisable fécondité du cerveau humain.

Tous les peuples cherchent le progrès, travaillent à l'envi dans cette lutte pacifique ; aussi tous les États se préoccupent-ils de la protection à accorder à l'inventeur, et beaucoup, parmi eux, ont modifié les lois concernant les Brevets ou bien en ont promulgué d'autres.

Inspirée par ces dispositions nouvelles, qu'elle résume, l'édition actuelle est en conformité parfaite avec les remaniements législatifs opérés dans plusieurs pays ; elle contient en outre, en ce qui concerne la France, le commentaire juridique de certaines clauses légales, précédemment passé sous silence.

MANUEL DE L'INVENTEUR

FRANCE ET SES COLONIES

DOCUMENTS LÉGISLATIFS

RAPPORTÉS PAR ORDRE CHRONOLOGIQUE

Loi du 5 juillet 1844

TITRE Ier

Dispositions générales.

Art. 1er. — Toute nouvelle découverte ou invention dans tous les genres d'industrie confère à son auteur, sous les conditions et pour le temps ci-après déterminés, le droit exclusif d'exploiter à son profit ladite découverte ou invention.

Ce droit est constaté par des titres délivrés par le gouvernement sous le nom de brevets d'invention.

Art. 2. — Seront considérées comme inventions ou découvertes nouvelles :

L'invention de nouveaux produits industriels ;

L'invention de nouveaux moyens ou l'application nouvelle de moyens connus pour l'obtention d'un résultat ou d'un produit industriel.

Cet article a besoin de quelques explications. Ainsi, un brevet ne peut être légalement valable qu'autant qu'il y a découverte. Or, toute invention est brevetable, à quelque genre d'industrie qu'elle appartienne ; son caractère industriel est défini par une exploitation, un résultat utile et les moyens spéciaux de réalisation du but cherché. Les systèmes purement abstraits, les méthodes d'enseignement, par exemple, les conceptions purement théoriques, exclusivement du domaine scientifique, ne sont pas susceptibles d'être brevetés. En un mot, ce que la loi récompense, c'est le service, grand ou petit, rendu à l'Industrie, à l'Agriculture ou aux Arts.

La jurisprudence reconnaît brevetables les espèces suivantes :

Produit industriel nouveau, — *résultat nouveau*, — *moyens nouveaux*, c'est-à-dire les agents, organes ou procédés, qui conduisent à l'obtention soit d'un résultat, soit d'un produit.

Application nouvelle de moyens ou principes connus, offrant un résultat, un effet nouveau, ou tout au moins différent de celui atteint auparavant.

La *combinaison nouvelle d'éléments connus*, de même que l'*application nouvelle d'un produit connu*, n'est, dans la pensée du législateur, qu'une variante de l'application nouvelle et, par suite, susceptible d'être brevetée.

Les appréciations sont controversées dans les cas suivants de brevetabilité :

Phénomène naturel. — Brevets de principe. — Découverte d'une propriété nouvelle d'un corps connu. — Selon nous, la brevetabilité n'est pas douteuse si, pour les deux premiers cas, un moyen de réalisation (seul brevetable) est indiqué, et pour le troisième si les propriétés nouvelles d'un corps connu sont, pour la première fois, appliquées à un usage industriel.

A moins que, par ses résultats particuliers, elle ne constitue un produit industriel nouveau, une invention ne peut être valablement brevetée pour des changements de formes, de dimensions, ou pour la substitution d'une matière à une autre.

Art. 3. — Ne sont pas susceptibles d'être brevetés :

1° Les compositions pharmaceutiques ou remèdes de toute

espèce, lesdits objets demeurant soumis aux lois et règlements spéciaux sur la matière, et notamment au décret du 18 août 1810, relatif aux remèdes secrets.

Cette disposition prohibitive n'atteint ni les moyens ni les procédés à l'aide desquels s'obtiennent les produits pharmaceutiques, ces moyens et procédés appartenant au domaine de la chimie ou des sciences physiques, dont toutes les applications industrielles sont brevetables.

2° Les plans et combinaisons de crédit ou de finances.

Le législateur a proscrit également les découvertes contraires à l'ordre et à la sûreté publique, aux bonnes mœurs ou aux lois.

Art. 4. — La durée des brevets sera de cinq, dix ou quinze années.

Chaque brevet donnera lieu au payement d'une taxe qui est fixée ainsi qu'il suit, savoir :

500 fr. pour un brevet de cinq ans, 1000 fr. pour un brevet de dix ans, 1500 fr. pour un brevet de quinze ans.

Cette taxe sera payée par annuités de 100 fr., sous peine de déchéance si le breveté laisse écouler un terme sans l'acquitter.

C'est l'inventeur qui fixe la durée de son brevet (art. 6). Elle ne peut être prolongée que par une loi (art. 15).

Comme l'inventeur a toujours la faculté d'abandonner son brevet lors d'une échéance annuelle, en ne payant pas l'annuité, son intérêt est de formuler sa demande pour la plus longue durée, c'est-à-dire pour quinze ans.

TITRE II

Des formalités relatives à la délivrance des brevets.

SECTION Ire

Des demandes de brevets.

ART. 5. — Quiconque voudra prendre un brevet d'invention devra déposer, sous cachet, au secrétariat de la préfecture, dans le département où il est domicilié, ou tout autre département, en y élisant domicile :

1° Sa demande au ministre de l'agriculture et du commerce ;

2° Une description de la découverte, invention ou application faisant l'objet du brevet demandé ;

3° Les dessins ou échantillons qui seraient nécessaires pour l'intelligence de la description ;

4° Un bordereau des pièces déposées.

Le mot *quiconque*, placé en tête de cet article, doit être pris dans le sens le plus étendu et le plus général, citoyen ou étranger, femme mariée ou non, en un mot, toute personne capable de contracter.

Un brevet peut être demandé par une seule personne ou par plusieurs, même au nom d'une Société, sans qu'il soit nécessaire de justifier de la qualité d'inventeur.

L'auteur d'une invention est même libre de la céder avant de l'avoir fait breveter, et le cessionnaire en devient légitime propriétaire.

L'incapacité, de quelque cause qu'elle résulte, est ici sans influence. Les brevets étant délivrés sans examen préalable, à la condition seule que la demande soit matériellement régulière, ce n'est qu'aux tiers intéressés qu'il appartient de contester les droits de l'incapable breveté.

Art. 6. — La demande sera limitée à un seul objet principal, avec les objets de détail qui le constituent et les applications qui auront été indiquées.

Elle mentionnera la durée que les demandeurs entendent assigner à leur brevet dans les limites fixées par l'article 4, et ne contiendra ni restrictions, ni conditions, ni réserves.

Elle indiquera un titre renfermant la désignation sommaire et précise de l'objet de l'invention.

La description ne pourra être écrite en langue étrangère. Elle devra être sans altération ni surcharges.

Les mots rayés comme nuls seront comptés et constatés, les pages et les renvois paraphés. Elle ne devra contenir aucune dénomination de poids ou de mesures autres que celles qui sont portées au tableau annexé à la loi du 4 juillet 1837.

Les dessins seront tracés à l'encre et d'après une échelle métrique.

Un duplicata de la description et des dessins sera joint à la demande.

Toutes les pièces seront signées par le demandeur, ou par un mandataire, dont le pouvoir restera annexé à la demande.

Nous ne saurions trop recommander aux inventeurs d'apporter tous leurs soins dans la préparation des documents devant accompagner leur demande, de telle sorte à constituer un titre sérieux et bien défini.

La rédaction de la description est surtout de la plus haute importance : c'est la base même de leur garantie, de leur sécurité et des droits qu'ils peuvent être appelés à revendiquer ; il convient que chaque mot, chaque phrase, rendent exactement la pensée de l'inventeur ; aucun doute ne doit être possible sur le sens des expressions employées. De même, les dessins doivent être dressés minutieusement et bien faire ressortir la nouveauté de la découverte. En aucun cas ils ne suppléent à la description.

Le concours d'un ingénieur compétent est souvent très utile, à cause des expressions techniques et des plans à établir suivant les règles de l'art.

Art. 7. — Aucun dépôt ne sera reçu que sur la production d'un récépissé constatant le versement d'une somme de 100 fr. à valoir sur le montant de la taxe du brevet.

Un procès-verbal, dressé sans frais par le secrétaire général de la préfecture, sur un registre à ce destiné, et signé par le demandeur, constatera chaque dépôt, en énonçant le jour et l'heure de la remise des pièces.

Une expédition dudit procès-verbal sera remise au déposant, moyennant le remboursement des frais de timbre.

ART. 8. — La durée du brevet courra du jour du dépôt prescrit par l'article 5.

Le lendemain du dépôt, l'inventeur, s'il est sûr de la régularité de sa demande, peut donc considérer sa propriété parfaitement garantie.

SECTION II

De la délivrance des brevets.

ART. 9. — Aussitôt après l'enregistrement des demandes, et dans les cinq jours de la date du dépôt, les préfets transmettront les pièces, sous le cachet de l'inventeur, au ministre de l'agriculture et du commerce, en y joignant une copie certifiée du procès-verbal de dépôt, le récépissé constatant le versement de la taxe, et, s'il y a lieu, le pouvoir mentionné dans l'article 6.

ART. 10. — A l'arrivée des pièces au ministère de l'agriculture et du commerce, il sera procédé à l'ouverture, à l'enregistrement des demandes et à l'expédition des brevets dans l'ordre de la réception desdites demandes.

ART. 11. — Les brevets dont la demande aura été régulièrement formée seront délivrés, sans examen préalable, aux risques et périls des demandeurs, et sans garantie soit de la réalité, de la nouveauté ou du mérite de l'invention, soit de la fidélité ou de l'exactitude de la description.

Un arrêté du ministre, constatant la régularité de cette demande, sera délivré au demandeur et constituera le brevet d'invention.

A cet arrêté sera joint le duplicata certifié de la description et des dessins mentionnés dans l'article 6, après que la conformité avec l'expédition originale en aura été reconnue et établie au besoin.

La première expédition des brevets sera délivrée sans frais.

Toute expédition ultérieure demandée par le breveté ou ses ayants cause donnera lieu au payement d'une taxe de 25 francs.

Les frais de dessin, s'il y a lieu, demeureront à la charge de l'impétrant.

A la date de l'arrêté ministériel commence le délai prescrit (art. 32) pour l'exploitation du brevet.

Art. 12. — Toute demande dans laquelle n'auraient pas été observées les formalités prescrites par les numéros 2° et 3° de l'article 5 et par l'article 6, sera rejetée. La moitié de la somme versée restera acquise au Trésor; mais il sera tenu compte de la totalité de cette somme au demandeur, s'il reproduit sa demande dans un délai de trois mois, à compter de la date de la notification du rejet de sa requête.

En cas de rejet de la demande et de sa reproduction régulière dans le délai de trois mois, la garantie part de la date de la première demande.

Art. 13. — Lorsque, par application de l'article 3, il n'y aura pas lieu à délivrer un brevet, la taxe sera restituée.

Art. 14. — Une ordonnance royale, insérée au *Bulletin des lois*, proclamera, tous les trois mois, les brevets délivrés.

Art. 15. — La durée des brevets ne pourra être prolongée que par une loi.

Les prolongations (accordées par le Corps législatif seul) sont extrêmement rares. Il n'y en a eu que deux exemples depuis qu'est en vigueur la loi de 1844 (docteur BOUCHERIE, procédé d'injection des bois, et SAX, instruments de musique en cuivre).

SECTION III

Des certificats d'addition.

ART. 16. — Le breveté ou les ayants droit au brevet auront, pendant toute la durée du brevet, le droit d'apporter à l'invention des changements, perfectionnements ou additions, en remplissant, pour le dépôt de la demande, les formalités déterminées par les articles 5, 6 et 7.

Ces changements, perfectionnements ou additions seront constatés par des certificats délivrés dans la même forme que le brevet principal, et qui produiront, à partir des dates respectives des demandes et de leur expédition, les mêmes effets que ledit brevet principal, avec lequel ils prendront fin.

Chaque demande de certificat d'addition donnera lieu au payement d'une taxe de 20 francs.

Les certificats d'addition pris par un des ayants droit profiteront à tous les autres.

Les certificats d'addition permettent au breveté soit de modifier et perfectionner son invention, soit de compléter l'insuffisance relative des documents primitifs. Ils font corps avec le brevet, auquel ils se rattachent, et participent à son existence. Les certificats d'addition pris par le titulaire du brevet ou l'un des ayants droit profitent à tous les copropriétaires, même aux simples licenciés.

Art. 17. — Tout breveté qui, pour un changement, perfectionnement ou addition, voudra prendre un brevet principal de cinq, dix ou quinze années, au lieu d'un certificat d'addition expirant avec le brevet primitif, devra remplir les formalités prescrites par les articles 5, 6 et 7, et acquitter la taxe mentionnée dans l'article 4.

En d'autres termes, tout breveté peut, au lieu d'un certificat d'addition à un brevet primitif, prendre un nouveau brevet, qui, bien que n'étant qu'un brevet de perfectionnement audit premier brevet, n'en est pas moins délivré par l'administration sous le nom de brevet d'invention. Le breveté agira prudemment en prenant un nouveau brevet quand il voudra se garantir un perfectionnement important, dont il aura ainsi la jouissance pendant quinze ans.

Art. 18. — Nul autre que le breveté ou ses ayants droit, agissant comme il est dit ci-dessus, ne pourra, pendant une année, prendre valablement un brevet pour un changement, perfectionnement ou addition à l'invention qui fait l'objet du brevet primitif.

Néanmoins, toute personne qui voudra prendre un brevet pour changement, addition ou perfectionnement à une découverte déjà brevetée, pourra, dans le cours de ladite année, former une demande qui sera transmise et restera déposée sous cachet au Ministère de l'agriculture et du commerce.

L'année expirée, le cachet sera brisé et le brevet délivré.

Toutefois, le breveté principal aura la préférence pour les changements, perfectionnements et additions pour lesquels il aurait lui-même, pendant l'année, demandé un certificat d'addition ou un brevet.

L'interprétation de cet article ne doit pas être abusive. Ainsi, pendant la première année de la prise de son brevet, l'inventeur peut, à sa guise, perfectionner son œuvre. Mais ce n'est qu'un droit conditionnel que lui confère la loi, car le champ est également laissé libre à tout perfectionneur, c'est-à-dire que les modifications apportées à l'*idée mère* par ce dernier pendant l'année qui suit la demande du brevet principal ne lui appartiennent qu'autant que lesdites modifications n'auront pas été découvertes par le breveté originaire.

ART. 19. — Quiconque aura pris un brevet pour une découverte, invention ou application se rattachant à l'objet d'un autre brevet, n'aura aucun droit d'exploiter l'invention déjà brevetée; et réciproquement, le titulaire du brevet primitif ne pourra exploiter l'invention, objet du nouveau brevet.

Le législateur a espéré que de cette fausse situation, créée au premier breveté et à l'auteur du perfectionnement, naîtra, la plupart du temps, une entente réciproque.

SECTION IV

De la transmission et de la cession des brevets.

ART. 20. — Tout breveté pourra céder la totalité ou partie de la propriété de son brevet.

La cession partielle ou totale d'un brevet, soit à titre gratuit, soit à titre onéreux, ne pourra être faite que par acte notarié et après le payement de la totalité de la taxe déterminée par l'article 4.

Aucune cession ne sera valable à l'égard des tiers qu'après avoir été enregistrée au secrétariat de la préfecture du département dans lequel l'acte aura été passé.

L'enregistrement des cessions et de tous autres actes emportant mutation sera fait sur la production et le dépôt d'un extrait authentique de l'acte de cession ou de mutation.

Une expédition de chaque procès-verbal d'enregistrement, accompagnée de l'extrait de l'acte ci-dessus mentionné, sera transmise par les préfets au Ministère de l'agriculture et du commerce, dans les cinq jours de la date du procès-verbal.

Un brevet constitue une propriété mobilière et se transmet, comme elle, sous les mêmes conditions de capacité. La cession peut être ou totale ou partielle, et être opérée soit à titre gratuit, soit à titre onéreux.

Pour les formalités à accomplir, le législateur n'a prévu que le cas d'une cession volontaire, et non une vente faite par autorité de justice ou, par suite d'un jugement intervenu, l'attribution de la propriété du brevet à un autre que le titulaire, cas dans lesquels l'acte notarié est remplacé soit par le jugement d'adjudication, soit par la décision attributive de la propriété du brevet.

Une cession, totale ou partielle, n'est valable à l'égard des tiers (c'est-à-dire toute personne autre que les parties contractantes) qu'autant : 1° que l'acte aura été passé par devant notaire ; 2° que le payement intégral des annuités restant à courir aura été effectué, et 3° qu'il aura été procédé à l'enregistrement de la cession au secrétariat de la préfecture du département où l'acte a été dressé.

Les contractants, cédant ou cessionnaire, ne peuvent, l'un envers l'autre, se prévaloir de l'irrégularité de leur contrat. Ce droit n'appartient qu'aux tiers. Aussi a-t-il été décidé en jurisprudence que la cession d'un brevet consentie par acte sous-seing privé est valable entre les parties contractantes, même si les formalités prescrites par l'article 20 n'ont pas été remplies ; l'accomplissement de ces formalités n'est exigé qu'à l'égard des tiers.

Mais, pour prévenir tout désagrément ultérieur, nous conseillons aux inventeurs aussi bien qu'à leurs cessionnaires de se conformer préférablement aux exigences de la loi.

L'enregistrement à la préfecture n'exclut pas l'enregistrement fiscal, qui demeure exigible comme pour tout autre acte de mutation et comporte un droit de 2 p. 100.

Le breveté, cédant son privilège à l'étranger, n'a qu'à rédiger son acte conformément aux lois du pays où il est passé, sauf, pour le cessionnaire, à se mettre en règle avec la loi française en le faisant enregistrer au secrétariat d'une préfecture.

Les cessions de brevets étrangers restent soumises au droit commun; elles sont donc parfaitement valables, même à l'égard des tiers, bien qu'elles n'aient pas été enregistrées au secrétariat d'une préfecture.

ART. 21. — Il sera tenu, au Ministère de l'agriculture et du commerce, un registre sur lequel seront inscrites les mutations intervenues sur chaque brevet, et, tous les trois mois, une ordonnance royale proclamera, dans la forme déterminée par l'article 14, les mutations enregistrées pendant le trimestre expiré.

ART. 22. — Les cessionnaires d'un brevet et ceux qui auront acquis d'un breveté ou de ses ayants droit la faculté d'exploiter la découverte ou l'invention, profiteront, de plein droit, des certificats d'addition qui seront ultérieurement délivrés au breveté ou à ses ayants droit. Réciproquement, le breveté ou ses ayants droit profiteront des certificats d'addition qui seront ultérieurement délivrés aux cessionnaires.

Tous ceux qui auront droit de profiter des certificats d'addition pourront en lever une expédition au Ministère de l'agriculture et du commerce, moyennant un droit de 20 francs.

Cette disposition, qui, par réciprocité, s'applique

du cessionnaire à l'inventeur, lorsque celui-ci n'a cédé que partiellement son brevet, et sans stipulations contraires, découle de l'indivisibilité du brevet et des certificats additionnels.

Les modifications, changements ou perfectionnements apportés à l'invention primitive postérieurement à l'acte de cession totale ou de licence d'exploitation d'un brevet, pourront être garantis à leur auteur, cédant ou cessionnaire, par la demande d'un nouveau brevet, en remplissant alors toutes les formalités indiquées aux articles 4, 5 et 6.

Il convient ici de bien faire la distinction entre la cession et la licence d'exploitation.

La licence est le droit accordé par l'inventeur d'exploiter le brevet à une ou à plusieurs personnes. La licence, qui n'exige aucune des formalités de la cession, ne donne en revanche aucun droit à la propriété du brevet, pas plus qu'elle ne permet à son possesseur de poursuivre les contrefacteurs; le licencié profite de plein droit, comme le cessionnaire partiel, des certificats d'addition qui seraient pris par le breveté ou ses ayants cause.

SECTION V

De la communication et de la publication des descriptions et dessins de brevets.

Art. 23. — Les descriptions, dessins, échantillons et modèles des brevets délivrés resteront, jusqu'à l'expiration des brevets, déposés au Ministère de l'agriculture et du commerce, où ils seront communiqués sans frais à toute réquisition.

Toute personne pourra obtenir à ses frais copie desdites descriptions et dessins, suivant les formes qui seront déterminées dans le règlement rendu en exécution de l'article 50.

Cette communication au public a pour but de mettre les inventeurs, avant de prendre un brevet, à même de se rendre compte du caractère de nouveauté de leur découverte, et aussi d'empêcher les contrefacteurs d'exciper de l'ignorance du brevet.

On peut obtenir des copies authentiques ou officielles, moyennant 25 francs par brevet et 20 francs par certificat d'addition, non compris les frais de dessin, qui sont à la charge du demandeur.

Art. 24. — Après le payement de la deuxième annuité, les descriptions et dessins seront publiés, soit textuellement, soit par extrait.

Il sera en outre publié, au commencement de chaque année, un catalogue contenant les titres des brevets délivrés dans le courant de l'année précédente.

Art. 25. — Le recueil des descriptions et dessins et le catalogue, publiés en exécution de l'article précédent, seront déposés au Ministère de l'agricutlure et du commerce et au secrétariat de la préfecture de chaque département, où ils pourront être consultés sans frais.

ART. 26. — A l'expiration des brevets, les originaux des descriptions et dessins seront déposés au Conservatoire royal des arts et métiers.

TITRE III

Des droits des étrangers.

ART. 27. — Les étrangers pourront obtenir en France des brevets d'invention.

ART. 28. — Les formalités et conditions déterminées par la présente loi seront applicables aux brevets demandés ou délivrés en exécution de l'article précédent.

ART. 29. — L'auteur d'une invention ou découverte déjà brevetée à l'étranger pourra obtenir un brevet en France ; mais la durée de ce brevet ne pourra excéder celle des brevets antérieurement pris à l'étranger.

La loi française ne fait aucune distinction entre les nationaux et les étrangers ; mais, pour qu'en France, aussi bien qu'ailleurs, la découverte soit, à un moment donné, dégagée de toute entrave, elle déclare que la durée du brevet français ne pourra excéder celle du brevet étranger.

Ainsi, les deux brevets ne sont solidaires l'un de l'autre que pour leur durée normale, et restent, pour les cas d'invalidation, soumis aux lois qui les régissent.

L'étranger qui, en vertu de son brevet, pratique envers un Français une saisie en contrefaçon, ou bien se constitue demandeur dans un procès, est, en matière de brevet comme en toute autre, astreint à fournir une caution *judicatum solvi*, destinée à assurer le remboursement des frais au cas où il perdrait son procès.

TITRE IV

Des nullités et déchéances et des actions y relatives.

SECTION Ire

Des nullités et déchéances.

Art. 30. — Seront nuls, et de nul effet, les brevets délivrés dans les cas suivants, savoir :

1° Si la découverte, invention ou application n'est pas nouvelle ;

2° Si la découverte, invention ou application n'est pas, aux termes de l'article 3, susceptible d'être brevetée ;

3° Si les brevets portent sur des principes, méthodes, systèmes, découvertes et conceptions théoriques ou purement scientifiques, dont on n'a pas indiqué les applications industrielles ;

4° Si la découverte, invention ou application est reconnue contraire à l'ordre ou à la sûreté publique, aux bonnes mœurs ou aux lois du royaume, sans préjudice, dans ce cas et dans celui du paragraphe précédent, des peines qui pourraient être encourues pour la fabrication ou le débit d'objets prohibés ;

5° Si le titre sous lequel le brevet a été demandé indique frauduleusement un objet autre que le véritable objet de l'invention ;

6° Si la description jointe au brevet n'est pas suffisante pour l'exécution de l'invention, ou si elle n'indique pas d'une manière complète et loyale les véritables moyens de l'inventeur ;

7° Si le brevet a été obtenu contrairement aux dispositions de l'article 18.

Seront également nuls, et de nul effet, les certificats comprenant des changements, perfectionnements ou additions qui ne se rattacheraient pas au brevet principal.

ART. 31. — Ne sera pas réputée nouvelle toute découverte, invention ou application qui, en France ou à l'étranger, et antérieurement à la date du dépôt de la demande, aura reçu une publicité suffisante pour pouvoir être exécutée.

Ces deux articles suggèrent les réflexions générales suivantes :

La validité d'un brevet est toujours présumée, et le breveté n'a pas à justifier de la nouveauté de son invention ; le brevet dont il est porteur constate à son profit un titre dont la valeur n'est pas, évidemment, à l'abri des contestations, mais dont la nullité ou la déchéance ne peut être prononcée que par les tribunaux. C'est aux tiers qu'il appartient d'établir les preuves justifiant leurs réclamations, car le doute s'interprète en faveur du breveté.

La loi, avec raison, considère comme nuls les certificats qui, annexés à un brevet principal, n'offriraient pas avec ce dernier une relation, une connexité palpable.

Enfin, comme causes invalidant un brevet, il demeure entendu que toutes les fois qu'une invention aura, avant la demande du brevet, reçu une publicité suffisante (peu importe qu'elle soit plus ou moins étendue) pour qu'on puisse l'exécuter, elle tombe par cela même dans le domaine public et n'est plus susceptible d'être valablement brevetée.

Tant que l'inventeur tient sa découverte secrète, tant qu'il en use sans que le public puisse en pénétrer la nature, le mécanisme, sa propriété reste intacte, et il est toujours à temps pour prendre les voies légales à l'effet d'empêcher qu'elle ne devienne une propriété publique.

Les renseignements confidentiels fournis par l'inventeur à un tiers, à une société savante, etc., soit oralement soit par lettre privée, ne portent aucun préjudice au brevet pris ultérieurement, pourvu qu'ils n'aient pas été propagés par la personne ou la société qui en a reçu le secret.

Dans tous ces cas, il faut distinguer entre la confidence, la communication à titre de secret et la divulgation. Quoi qu'il en soit, les inventeurs agiront prudemment en se mettant en garde contre des indiscrétions qu'aurait fait naître leur bonne foi.

Art. 32 (modifié par la loi du 31 mai 1856). — Sera déchu de tous ses droits :

1° Le breveté qui n'aura pas acquitté son annuité avant le commencement de chacune des années de la durée de son brevet ;

Cette clause est appliquée par les tribunaux dans toute sa rigueur. Tout versement effectué tardivement, c'est-à-dire après la date anniversaire du dépôt du brevet, quoique reçu par l'administration, ne peut relever un brevet de la déchéance qu'il a irrévocablement encourue.

2° Le breveté qui n'aura pas mis en exploitation sa découverte ou invention en France dans le délai de deux ans, à dater du jour de la signature du brevet, ou qui aura cessé de l'exploiter pendant deux années consécutives, à moins que, dans l'un ou l'autre cas, il ne justifie des causes de son inaction ;

Malgré que la loi ne détermine pas les conditions selon lesquelles doit avoir lieu l'exploitation, sa nature et son étendue, il faut cependant que les brevetés sachent bien que la mise en œuvre de leur invention doit être sérieuse, réelle, commerciale ; la loi n'impose pas telle ou telle forme d'exploitation, mais elle veut que l'objet breveté ou profite au pays, dans une proportion plus ou moins large, ou soit utilisé exclusivement par l'inventeur pour son industrie ou ses besoins personnels. S'il s'agit, par exemple, d'une machine, la loi n'exige pas qu'elle soit vendue au public, dès l'instant que l'inventeur ou des personnes autorisées par lui la font fonctionner pour leur propre usage et n'en répandent que les produits dans la circulation.

La déchéance, du reste, n'est pas prononcée de plein droit; la loi abandonne aux tribunaux le soin d'apprécier les causes d'inaction présentées par l'inventeur. Si elles sont sérieuses et légitimes, si elles méritent intérêt et faveur (maladie ou misère du breveté, événements politiques, petit nombre d'industries auxquelles l'invention s'adresse, etc.), la déchéance n'est pas encourue. Le législateur n'a voulu atteindre que la mauvaise volonté ou la négligence évidente, même s'il y a eu interruption d'exploitation pendant deux années consécutives.

3° Le breveté qui aura introduit en France des objets fabriqués en pays étranger et semblables à ceux qui sont garantis par son brevet.

Le caractère prohibitif de cette clause est sérieusement pris en considération par les tribunaux.

Néanmoins, le ministre de l'agriculture, du commerce et des travaux publics pourra autoriser l'introduction :

1° Des modèles de machines ;

2° Des objets fabriqués à l'étranger destinés à des expositions publiques ou à des essais faits avec l'assentiment du gouvernement.

Art. 33. — Quiconque, dans des enseignes, annonces, prospectus, affiches, marques ou estampilles, prendra la qualité de breveté sans posséder un brevet délivré conformément aux lois, ou après l'expiration d'un brevet antérieur, ou qui, étant breveté, mentionnera sa qualité de breveté ou son brevet sans y y ajouter ces mots : *sans garantie du gouvernement*, sera puni d'une amende de 50 francs à 1,000 francs.

En cas de récidive, l'amende pourra être portée au double.

Tout tiers intéressé peut porter devant les tribunaux compétents les contraventions à cet article, et ainsi faire disparaître une cause de concurrence déloyale.

SECTION II

Des actions en nullité et en déchéance.

Art. 34. — L'action en nullité et l'action en déchéance pourront être exercées par toute personne y ayant intérêt.

Ces actions, ainsi que toutes contestations relatives à la propriété des brevets, seront portées devant les tribunaux civils de première instance.

Art. 35. — Si la demande est dirigée en même temps contre le titulaire du brevet et contre un ou plusieurs cessionnaires partiels, elle sera portée devant le tribunal du domicile du titulaire du brevet.

Art. 36. — L'affaire sera instruite et jugée dans la forme prescrite pour les matières sommaires par les articles 405 et suivants du Code de procédure civile. Elle sera communiquée au procureur du roi.

Art. 37. — Dans toute instance tendant à faire prononcer la nullité ou la déchéance d'un brevet, le ministère public pourra se rendre partie intervenante et prendre des réquisitions pour faire prononcer la nullité ou la déchéance absolue du brevet.

Il pourra même se pourvoir directement par action principale pour faire prononcer la nullité, dans les cas prévus aux nos 2°, 4° et 5° de l'article 30.

Art. 38. — Dans les cas prévus par l'article 37, tous les ayants droit au brevet, dont les titres auront été enregistrés au Ministère de l'agriculture et du commerce, conformément à l'article 21, devront être mis en cause.

Art. 39. — Lorsque la nullité ou la déchéance absolue d'un brevet aura été prononcée par jugement ou arrêt ayant acquis force de chose jugée, il en sera donné avis au ministre de l'agriculture et du commerce, et la nullité ou la déchéance sera publiée dans la forme déterminée par l'article 14 pour la proclamation des brevets.

Les actions en nullité et en déchéance, exclusivement du ressort des tribunaux civils, sont réservées contre le breveté qui se prévaut d'un droit qu'il n'a pas. Elles ne peuvent être exercées que par celui ou ceux qui y ont un intérêt, présent ou éventuel, mais justifié.

Un brevet peut être déclaré nul dans son ensemble ou seulement sur quelques parties.

La nullité ou la déchéance d'un brevet est absolue ou relative; dans le premier cas, il tombe dans le domaine public, tandis que, dans le second, la chose jugée ne s'établit qu'entre le breveté et la partie adverse; le brevet n'est par conséquent invalidé qu'à l'égard de cette dernière.

TITRE V

De la contrefaçon, des poursuites et des peines.

ART. 40. — Toute atteinte portée au droit du breveté, soit par la fabrication de produits, soit par l'emploi de moyens faisant l'objet de son brevet, constitue le délit de contrefaçon.

Ce délit sera puni d'une amende de 100 à 2,000 francs.

En principe, il n'y a contrefaçon qu'autant : 1° qu'il existe un brevet valable; 2° qu'il a été porté atteinte aux droits inhérents au brevet, soit par la fabrication, soit par l'usage commercial de ce qui constitue les particularités du brevet.

Aussi, tout propriétaire de brevet, avant d'attaquer un contrefacteur, devra-t-il se bien renseigner, auprès de personnes impartiales et compétentes, sur la nature exacte et la portée de ses droits.

ART. 41. — Ceux qui auront sciemment recélé, vendu ou exposé en vente, ou introduit sur le territoire français un ou plusieurs objets contrefaits, seront punis des mêmes peines que les contrefacteurs.

Art. 42. — Les peines établies par la présente loi ne pourront être cumulées.

La peine la plus forte sera seule prononcée pour tous les faits antérieurs au premier acte de poursuite.

Art. 43. — Dans le cas de récidive, il sera prononcé, outre l'amende portée aux articles 40 et 41, un emprisonnement d'un mois à six mois.

Il y a récidive lorsqu'il a été rendu contre le prévenu, dans les cinq années antérieures, une première condamnation pour un des délits prévus par la présente loi.

Un emprisonnement d'un mois à six mois pourra aussi être prononcé si le contrefacteur est un ouvrier ou un employé ayant travaillé dans les ateliers ou dans l'établissement du breveté, ou si le contrefacteur, s'étant associé avec un ouvrier ou un employé du breveté, a eu connaissance, par ce dernier, des procédés décrits au brevet. Dans ce dernier cas, l'ouvrier ou l'employé pourra être poursuivi comme complice.

Art. 44. — L'article 463 du Code pénal pourra être appliqué aux délits prévus par les dispositions qui précèdent.

Art. 45. — L'action correctionnelle, pour l'application des peines ci-dessus, ne pourra être exercée par le ministère public que sur la plainte de la partie lésée.

Art. 46. — Le tribunal correctionnel, saisi d'une action pour délit de contrefaçon, statuera sur les exceptions qui seraient tirées par le prévenu soit de la nullité ou de la déchéance du brevet, soit des questions relatives à la propriété dudit brevet.

Art. 47. — Les propriétaires de brevet pourront, en vertu d'une ordonnance du président du tribunal de première instance, faire procéder, par tous huissiers, à la désignation et description détaillées, avec ou sans saisie, des objets prétendus contrefaits.

L'ordonnance sera rendue sur simple requête, et sur la représentation du brevet; elle contiendra, s'il y a lieu, la nomination d'un expert pour aider l'huissier dans sa description.

Lorsqu'il y aura lieu à la saisie, ladite ordonnance pourra imposer au requérant un cautionnement qu'il sera tenu de consigner avant d'y faire procéder.

Le cautionnement sera toujours imposé à l'étranger breveté qui requerra la saisie.

Il sera laissé copie au détenteur des objets décrits ou saisis, tant de l'ordonnance que de l'acte constatant le dépôt du cautionnement, le cas échéant; le tout à peine de nullité et de dommages-intérêts contre l'huissier.

Art. 48. — A défaut, par le requérant, de s'être pourvu, soit par la voie civile, soit par la voie correctionnelle, dans le délai de huitaine, outre un jour par 3 myriamètres de distance entre le lieu où se trouvent des objets saisis ou décrits et le domicile du contrefacteur, recéleur, introducteur ou débitant, la saisie ou description sera nulle de plein droit, sans préjudice des dommages-intérêts qui pourront être réclamés, s'il y a lieu, dans la forme prescrite par l'article 36.

Art. 49. — La confiscation des objets reconnus contrefaits, et, le cas échéant, celle des instruments ou ustensiles destinés spécialement à leur fabrication, seront, même en cas d'acquittement, prononcées contre le contrefacteur, le recéleur, l'introducteur ou le débitant.

Les objets confisqués seront remis au propriétaire du brevet sans préjudice de plus amples dommages-intérêts et de l'affiche du jugement, s'il y a lieu.

Pour les procès en contrefaçon, nous n'observons qu'une chose après les articles qui précèdent, mais elle a son importance ; c'est qu'il nous semble préférable de suivre la voie au correctionnel, moins lente et moins coûteuse que la voie au civil.

TITRE VI

Dispositions particulières et transitoires.

Art. 50. — Des ordonnances royales, portant règlement d'administration publique, arrêteront les dispositions nécessaires pour l'exécution de la présente loi, qui n'aura effet que trois mois après sa promulgation.

Art. 51. — Des ordonnances rendues dans la même forme pourront régler l'application de la présente loi dans les colonies, avec les modifications qui seront jugées nécessaires.

Art. 52. — Seront abrogés, à compter du jour où la présente loi sera devenue exécutoire, les lois des 7 janvier et 25 mai 1791, celle du 20 septembre 1792, l'arrêté du 17 vendémiaire an VII, l'arrêté du 5 vendémiaire an IX, les décrets des 25 novembre 1806 et 25 janvier 1807, et toutes dispositions antérieures à la présente loi, relatives aux brevets d'invention, d'importation et de perfectionnement.

Art. 53. — Les brevets d'invention, d'importation et de perfectionnement actuellement en exercice, délivrés conformément aux lois antérieures à la présente ou prorogés par ordonnances royales, conserveront leur effet pendant tout le temps qui aura été assigné à leur durée.

Art. 54. — Les procédures commencées avant la promulgation de la présente loi seront mises à fin conformément aux lois antérieures.

Toute action, soit en contrefaçon, soit en nullité ou déchéance de brevet, non encore intentée, sera suivie conformément aux dispositions de la présente loi, alors même qu'il s'agirait de brevets délivrés antérieurement.

Arrêté du 21 octobre 1848

Qui règle l'application, dans les Colonies, de la loi du 5 juillet 1844, sur les brevets d'invention.

Le Président du Conseil des ministres, chargé du pouvoir exécutif,

Sur le rapport du ministre de l'agriculture et du commerce;
Vu l'article 51 de la loi du 5 juillet 1844 ; — vu l'avis du ministre de la marine et des colonies; — le Conseil d'État entendu,

ARRÊTE :

ART. 1er. — La loi du 5 juillet 1844, sur les brevets d'invention, recevra son application dans les colonies à partir de la publication du présent arrêté.

ART. 2. — Quiconque voudra prendre, dans les colonies, un brevet d'invention, devra déposer, en triple expédition, les pièces exigées par l'article 5 de la loi précitée dans les bureaux du directeur de l'intérieur; le procès-verbal constatant ce dépôt sera dressé sur un registre à ce destiné et signé par ce fonctionnaire et par le demandeur, conformément à l'article 7 de ladite loi.

ART. 3. — Avant de procéder à la rédaction de ce procès-verbal de dépôt, le directeur de l'intérieur se fera représenter : 1° le récépissé délivré par le trésorier de la colonie, constatant le versement de la somme de 100 francs pour la première annuité de la taxe ; 2° chacune des pièces, en triple expédition, énoncées aux paragraphes 1er, 2, 3 et 4 de l'article 5 de la loi de 1844. Une expédition de chacune de ces pièces restera déposée sous cachet dans les bureaux de la direction, pour y recourir au besoin; les deux autres expéditions seront enfermées dans une seule enveloppe scellée et cachetée par le déposant.

Art. 4. — Le gouvernement de chaque colonie devra, dans le plus bref délai après l'enregistrement des demandes, transmettre au ministre de l'agriculture et du commerce, par l'entremise du ministère de la marine et des colonies, l'enveloppe cachetée contenant les deux expéditions dont il s'agit, en y joignant une copie certifiée du procès-verbal, le récépissé du versement de la première annuité de la taxe, et, le cas échéant, le pouvoir du mandataire.

Art. 5. — Les brevets délivrés seront transmis, dans le plus bref délai, aux titulaires, par l'entremise du ministre de la marine et des colonies.

Art. 6. — L'enregistrement des cessions de brevets, dont il est parlé en l'article 20 de la loi du 5 juillet 1844, devra s'effectuer dans les bureaux du directeur de l'intérieur. Les expéditions des procès-verbaux d'enregistrement, accompagnées des extraits authentiques d'actes de cession et des récépissés de la totalité de la taxe, seront transmises au ministre de l'agriculture et du commerce, conformément à l'article 4 du présent arrêté.

Art. 7. — Les taxes prescrites par les articles 4, 7, 11 et 22 de la loi du 5 juillet seront versées entre les mains du trésorier de chaque colonie, qui devra faire opérer le versement au Trésor public et transmettre au ministre de l'agriculture et du commerce, par la même voie, l'état de recouvrement des taxes.

Art. 8. — Les actions pour délits de contrefaçon seront jugées par les cours d'appel dans les colonies. Le délai des distances, fixé par l'article 8 de ladite loi, sera modifié conformément aux ordonnances qui, dans les colonies, régissent la procédure en matière civile.

—

Nota. — Un décret du 5 juin 1850 réglemente, à peu près dans les mêmes termes, pour l'Algérie, l'application de la loi de 1844;

les demandes de brevets sont enregistrées au secrétariat de l'une des préfectures, Alger, Oran ou Constantine.

Loi du 23 mai 1868 (1)

Relative à la garantie des inventions susceptibles d'être brevetées et des dessins de fabrique, qui seront admis aux expositions publiques, autorisées par l'administration dans toute l'étendue de l'empire.

Art. 1er. — Tout Français ou étranger, auteur, soit d'une découverte ou invention susceptible d'être brevetée aux termes de la loi du 5 juillet 1844, soit d'un dessin de fabrique qui doive être déposé conformément à la loi du 18 mars 1806, ou ses ayants droit, peut, s'ils sont admis dans une exposition publique autorisée par l'administration, se faire délivrer, par le préfet ou le sous-préfet, dans le département ou l'arrondissement duquel cette exposition est ouverte, un certificat descriptif de l'objet déposé.

Art. 2. — Ce certificat assure à celui qui l'obtient les mêmes droits que lui conférerait un brevet d'invention ou un dépôt légal de dessins de fabrique, à dater du jour de l'admission jusqu'à la fin du troisième mois qui suivra la clôture de l'exposition, sans préjudice du brevet que l'exposant peut prendre ou du dépôt qu'il peut opérer avant l'expiration de ce terme.

Art. 3. — La demande de ce certificat doit être faite dans le premier mois, au plus tard, de l'ouverture de l'exposition. —

(1) Extension à toute exposition publique de la loi spéciale et transitoire de 1855.

Elle est adressée à la préfecture ou à la sous-préfecture et accompagnée d'une description exacte de l'objet à garantir, et, s'il y a lieu, d'un plan ou d'un dessin dudit objet. — Les demandes ainsi que les décisions prises par le préfet, ou par le sous-préfet, sont inscrites sur un registre spécial, qui est ultérieurement transmis au ministre de l'agriculture, du commerce et des travaux publics, et communiqué sans frais à toute réquisition. — La délivrance du certificat est gratuite.

Décret du 10 septembre 1870

Concernant les inventeurs brevetés qui, depuis le 25 août 1870, n'auront pu acquitter les annuités de leurs brevets dans le délai légal.

LE GOUVERNEMENT DE LA DÉFENSE NATIONALE,

Attendu les circonstances de force majeure qui, depuis le 25 août 1870, *ont empêché les inventeurs brevetés d'acquitter* les annuités de leurs brevets, arrivées à échéance ; — sur le rapport du ministre du commerce,

DÉCRÈTE :

Les inventeurs brevetés qui, depuis le 25 août 1870, n'auront pu acquitter les annuités de leurs brevets dans le délai légal, seront relevés de la déchéance encourue, en justifiant de l'acquittement de ces annuités avant une époque qui sera fixée ultérieurement.

Décret du 14 octobre 1870

Dispensant les inventeurs qui prendront un brevet d'invention de verser immédiatement la première annuité de la taxe.

LE GOUVERNEMENT DE LA DÉFENSE NATIONALE,

Vu le décret du 10 septembre 1870, portant que les inventeurs brevetés qui, depuis le 25 août, n'auront pu acquitter les annuités de leurs brevets dans le délai légal, seront relevés de la déchéance encourue, en justifiant de l'acquittement de ces annuités avant une époque qui sera fixée ultérieurement ; — sur le rapport du ministre de l'agriculture et du commerce,

DÉCRÈTE :

Les inventeurs qui voudront prendre un brevet d'invention seront dispensés de verser immédiatement la première annuité de la taxe. Ce versement devra être fait ultérieurement, et dans les conditions qui ont été réglées, pour les annuités, par le décret du 10 septembre 1870.

Décret du 25 janvier 1871

Qui proroge de six mois le délai de deux ans accordé aux brevetés pour mettre leurs inventions en exploitation en France.

LA DÉLÉGATION DU GOUVERNEMENT DE LA DÉFENSE NATIONALE,

Vu l'article 32 de la loi du 5 juillet 1844 sur les brevets d'invention ; — vu le décret du 10 septembre 1870, qui proroge les délais fixés pour l'acquittement des annuités des brevets d'invention ; — sur le rapport du ministre de l'agriculture et du commerce,

Décrète :

Le délai de deux ans, dans lequel les brevetés doivent à peine de déchéance, mettre leurs inventions en exploitation en France, est prorogé de six mois à dater du 1er janvier 1871, pour les brevets pris moins de deux ans avant cette date.

Arrêté du 5 juillet 1871

Fixant l'époque où devront être acquittées les annuités arriérées des brevets d'invention qui n'ont pu être versées depuis le 25 août 1870.

Le chef du pouvoir exécutif de la République française, président du conseil des ministres : — sur le rapport du ministre de l'agriculture et du commerce ; — vu la loi du 31 mai 1856, concernant les brevets d'invention ; — vu les décrets du Gouvernement de la défense nationale, en date du 10 septembre et du 14 octobre 1870, concernant le payement des annuités des brevets d'invention,

Arrête :

Article unique. — Les décrets du Gouvernement de la défense nationale, en date du 10 septembre 1870 et du 14 octobre 1870, concernant les annuités de brevets d'invention, cesseront d'avoir leur effet à partir du 1er octobre 1871.

Les annuités échues et non payées depuis le 25 août 1870, ainsi que les premières annuités non payées depuis le 14 octobre 1870, devront être acquittées à l'époque fixée ci-dessus.

A dater du présent arrêté, les brevetés dont les annuités viendraient à échéance, et les nouveaux brevetés qui ne pourraient payer immédiatement la première annuité, auront aussi jusqu'au 1er octobre 1871 pour en faire le versement.

ALSACE-LORRAINE

—

Depuis sa séparation de la France jusqu'au 1er juillet 1877, l'Alsace-Lorraine fut, en matière de brevets d'invention, régie par la loi française du 5 juillet 1844. Cette réglementation a été sanctionnée par une loi du Reichstag, en date du 29 janvier 1872.

Il convient de rapporter ici, pour les brevetés qui y seraient encore intéressés, le texte des conventions intervenues entre la France et l'Allemagne, relativement aux brevets pris en France avant le 2 mars 1871.

CONVENTION ADDITIONNELLE

AU TRAITÉ DE PAIX DU 10 MAI 1871, ENTRE LA FRANCE ET L'ALLEMAGNE.

(*Dispositions réglant la situation des brevetés en Alsace-Lorraine.*)

ART. 10. — Les individus originaires des territoires cédés ayant opté pour la nationalité allemande, qui ont obtenu du gouvernement français, avant le 2 mars 1871, la concession d'un brevet d'invention ou d'un certificat d'addition, continueront à jouir de leur brevet dans toute l'étendue du territoire français en se conformant aux lois et règlements qui régissent la matière.

Réciproquement, tout concessionnaire d'un brevet d'invention ou d'un certificat d'addition, accordé par le gouvernement français avant la même date, continuera, jusqu'à l'expiration de la durée de la concession, à jouir pleinement des droits qu'il lui donne dans toute l'étendue des territoires cédés.

PROTOCOLE DE CLOTURE.

V. — Des doutes s'étant élevés en Allemagne sur la portée des paragraphes 2 et 3 de l'article 32 de la loi du 5 juillet 1844, les plénipotentiaires français ont déclaré qu'il est expressément entendu : 1° que les brevetés mentionnés dans l'article 10 de la convention additionnelle de ce jour, et qui ont commencé à exploiter leur invention en Alsace-Lorraine dans les délais légaux, seront considérés comme ayant mis en œuvre leur découverte sur le territoire français ; et 2° que les mêmes brevetés ne sont passibles, en France, pour les brevets qui leur sont garantis, ni de la défense d'importation, ni de la déchéance édictées par les paragraphes 2 et 3 de l'article 32 de la loi précitée.

Ils ont annoncé, en outre, que les titulaires des brevets français résidant en Alsace-Lorraine seront libres de choisir les caisses publiques des villes frontières dans lesquelles il leur conviendrait de verser le montant des annuités dues au Trésor.

A partir du 1er juillet 1877, date de l'application de la loi sur les brevets dans l'empire d'Allemague, les brevetés en Alsace-Lorraine ont eu la faculté de profiter des dispositions transitoires (art. 41 et suivants) de ladite loi, afin d'étendre leurs privilèges à tout l'Empire.

MANUEL

DE L'INVENTEUR

LÉGISLATIONS ÉTRANGÈRES

MANUEL

DE L'INVENTEUR

RÉSUMÉ

DES

LÉGISLATIONS ÉTRANGÈRES

Nous allons maintenant, très brièvement, passer en revue les lois qui, à l'étranger, réglementent l'obtention des brevets et patentes, en observant dès à présent que l'inventeur qui désire s'y assurer la propriété exclusive de sa découverte a le plus grand intérêt à apporter le moins de retard possible dans ses demandes. En effet, toute divulgation, toute publicité, avec l'éventualité d'être devancé par un tiers, constituent les causes principales qui peuvent invalider un brevet étranger, bien que la plupart des législations érigent en principe que l'inventeur seul a droit de se faire valablement garantir, mais sans exiger que le pétitionnaire justifie de cette qualité.

BELGIQUE

Loi du 24 mai 1854 et modifications du 27 mars 1857.

Sont brevetables : Les inventeurs seuls, nationaux ou étrangers, ou leurs ayants droit.

Examen. — Les brevets sont délivrés sans examen préalable.

Nature et durée. — Le privilège est délivré comme *brevet d'invention* de vingt ans ou comme *brevet d'importation* prenant fin avec le brevet étranger déclaré lors de la demande.

Certificats d'addition. — La loi accorde des certificats d'addition ou *brevets de perfectionnement* ayant la même durée que le brevet principal auquel ils se rattachent.

Date. — La date légale de l'invention est constatée par le procès-verbal dressé lors du dépôt de la demande.

Taxes. — Pour les brevets d'invention et d'importation, il est payé, dans le mois de l'échéance, une taxe annuelle et progresive de 10 francs.

Un délai de six mois est accordé pour le renouvellement d'un brevet, moyennant une amende de 10 francs.

Aucune taxe n'est due pour les certificats d'addition.

Exploitation. — L'exploitation d'un brevet d'invention doit avoir lieu dans l'année de la concession, et celle d'un brevet d'importation est obligatoire, au plus tard, dans l'année qui suit la mise en œuvre à l'étranger.

Introduction. — Le breveté peut introduire en Belgique des objets similaires fabriqués à l'étranger sans nuire à son privilège, mais cela ne constitue pas la mise en exploitation.

Cessions. — Toute cession, totale ou partielle, de brevet est enregistrée au droit fixe de 10 francs. La notification de tout acte emportant mutation doit être accompagnée d'un extrait authentique de l'acte de cession ou de mutation.

ANGLETERRE

ÉCOSSE, IRLANDE ET ILES DU CANAL ET DE MAN

Loi du 1er octobre 1852. — Demandes spéciales pour les colonies Indes, Nouvelles-Galles, Australie, Canada, Cap, etc.

Sont brevetables : Les nationaux et les étrangers, soit comme inventeurs, soit comme premiers importateurs.

Examen. — Constatation de la régularité des documents déposés et de l'accomplissement des prescriptions administratives.

Nature et durée du privilège. — 1° *Protection provisoire de six mois.* — Quatre mois, au plus tard, après la date de cette patente provisoire, l'inventeur donne avis qu'il désire obtenir la patente définitive de quatorze ans. Cette demande est annoncée dans la *Gazette officielle*, et ving et un jours sont accordés aux oppositions qui pourraient se présenter contre la délivrance de la patente. Le *grand sceau* est demandé immédiatement après le délai d'opposition ou au moins quinze jours avant l'expiration des six mois de la protection provisoire. Toutes les pièces, y compris les mémoires et dessins sur parchemin, doivent être déposées avant la fin des six mois de ladite protection pour l'obtention des lettres patentes.

2° *Patente de quatorze ans.* — La patente de quatorze ans peut être obtenue sans passer par tous les degrés que comporte la protection provisoire. Il suffit d'en formuler immédiatement la demande, de payer les taxes voulues et de déposer les pièces complètes comme spécification et dessins de l'invention.

La loi anglaise n'accorde pas de certificats d'addition à une patente délivrée; mais les documents définitifs déposés peuvent contenir toutes les améliorations et perfectionnements apportés à l'invention depuis l'enregistrement de la patente provisoire. C'est pourquoi, lorsqu'il s'agit d'une machine, par exemple, on procède habituellement par la demande de la protection provisoire, qui permet d'exécuter, d'employer ou de vendre l'invention, bien qu'en pratique il y ait quelque danger à donner une publicité étendue à une découverte garantie seulement provisoirement.

Date. — Le jour de l'enregistrement de la protection provisoire est la date de la patente et établit les droits du breveté à la priorité.

Taxes. — 1re période de 3 ans : 5 livres (125 francs environ) lors de l'enregistrement de la protection provisoire, et 20 livres pour les formalités subséquentes, lorsque la patente est continuée. Soit un total de 25 livres pour les trois premières années de la patente de quatorze ans, augmenté des droits de timbre et d'enregistrement.

2e période de 4 ans : 50 livres.

3e période de 7 ans : 100 livres.

Exploitation. — Aucun délai n'est assigné par la loi pour la mise en activité de la découverte; il existe à cet égard une liberté illimitée.

Introduction. — L'introduction en Angleterre des objets patentés fabriqués à l'étranger ne porte aucune atteinte à la validité de la patente.

Cessions. — Chaque transfert, soit pour tout le Royaume-Uni, soit séparément pour l'Angleterre, l'Écosse ou l'Irlande, est enregistré officiellement.

ÉTATS-UNIS

Lois des 4 juillet 1836 et 4 mars 1861.

Sont brevetables : Les nationaux et les étrangers, en tant qu'inventeurs véritables ou cessionnaires justifiés.

L'inventeur déjà breveté à l'étranger a, de préférence sur tout autre, un délai de six mois à partir de son brevet étranger pour obtenir une patente aux États-Unis; passé ce délai, il peut encore demander un privilège si son invention n'a pas été mise en usage public dans le pays.

Examen. — Les demandes de patentes sont soumises à une commission spéciale; elles doivent être strictement limitées à un seul objet, et les documents déposés doivent établir nettement le principe de l'invention et faire ressortir les points sur lesquels s'appuie la demande du privilège.

Autrefois la loi imposait la production d'un modèle de dimensions n'excédant pas 0^m 30^c dans tous les sens; cette disposition n'est plus que très rarement appliquée et sur avis de l'Office des Patentes.

Nature et durée. — Les privilèges sont délivrés sous le nom de *patentes* et accordés pour dix-sept ans, lorsqu'il n'y a pas à l'étranger de brevet antérieur; dans le cas contraire, la patente prend fin avec le brevet étranger déclaré, pourvu que la durée de ce dernier n'excède pas dix-sept ans.

Le dépôt provisoire ou *caveat* ne peut être fait que par l'inventeur américain ou étranger ayant un an au moins de résidence aux États-Unis, ou déclarant par serment son intention de devenir citoyen américain.

Date. — La date de la patente est celle de l'accord.

Taxes. — Versement de 15 dollars lors de l'enregistrement de la demande, et 20 dollars pour la délivrance de la patente; *caveat*, 10 dollars; *disclaimer* (ou désaveu de revendications erronées), 30 dollars.

Exploitation. — Le patenté n'est pas astreint à la mise en pratique de son invention.

Introduction. — Il peut introduire aux États-Unis des objets, machines ou produits analogues à ceux brevetés.

Cessions. — Toute cession de patente doit être enregistrée dans les trois mois, et donne lieu au payement d'un droit de quelques dollars, variable selon l'étendue de l'acte de transfert. — Une simple licence d'exploitation n'est soumise à aucune formalité.

RUSSIE ET POLOGNE

Lois des 22 novembre 1833 et 23 octobre 1840.

Sont brevetables : Les nationaux et les étrangers, sans justification de leur qualité d'inventeur.

Examen. — Les demandes subissent un examen préalable de la part du conseil des manufactures, et le privilège n'est quelquefois délivré qu'autant que l'inventeur consent à certaines restrictions.

Nature et durée. — Les *brevets d'invention* sont, au choix du pétitionnaire, de trois, cinq ou dix ans. Il n'est accordé ni prolongation à la durée assignée, ni certificats d'addition.

Les *brevets d'importation*, c'est-à-dire ceux ayant trait aux inventions déjà connues à l'étranger, mais non introduites en Russie, ont une durée maximum de six ans. Lorsque le pétitionnaire est l'inventeur, il peut obtenir un brevet de dix ans.

Date. — La date du brevet est celle du jour où le titre a été signé officiellement, ce qui n'a généralement lieu qu'après un an au moins en suite du dépôt; mais toute poursuite en contrefaçon peut s'exercer dès le jour de l'enregistrement de la demande; c'est pourquoi les certificats délivrés sont signalés dans les journaux publics des deux capitales, Saint-Pétersbourg et Moscou.

Taxes. — Pour les brevets d'invention :

3 ans,	90	roubles argent.
5 ans,	150	—
10 ans,	450	—

Pour les brevets d'importation :

1 an,	60	roubles argent.
2 ans,	120	—
3 ans,	180	—
4 ans,	240	—
5 ans,	300	—
6 ans,	360	—

La valeur du rouble argent est de 4 francs.

Exploitation. — L'application du procédé ou objet breveté est de rigueur avant l'expiration du premier quart de la durée du brevet, et le département compétent doit en être informé dans les six mois suivants, avec indication de la localité russe dans laquelle l'exploitation a lieu. Une autorisation du gouvernement est nécessaire lorsqu'une compagnie par action se crée en vue d'une exploitation de brevet.

Introduction. — Le titulaire d'un brevet peut seul introduire en Russie les objets similaires fabriqués à l'étranger.

Cessions. — Toute cession totale ou partielle de brevet est dressée dans les termes voulus par les lois, et transmise au département compétent, qui ordonne les publications nécessaires.

ALLEMAGNE

COMPRENANT LA PRUSSE, TOUS LES DUCHÉS ET PRINCIPAUTÉS AINSI QUE L'ALSACE-LORRAINE

Loi du 25 mai 1877, en vigueur depuis le 1er juillet 1877.

Sont brevetables : Les nationaux et les étrangers (ces derniers par mandataire allemand), inventeurs ou ayants droit pour les inventions nouvelles qui permettent une exploitation industrielle. Sont seulement exceptées : 1° les inventions dont l'exploitation serait contraire aux lois ou aux bonnes mœurs ; 2° les inventions relatives à l'alimentation, les médicaments et les matières produites par voie chimique, à moins que ces inventions n'aient trait à un procédé spécial de fabrication.

Une invention n'est pas réputée nouvelle lorsque, au moment de la déclaration faite en vertu de la loi, elle a été décrite dans les feuilles publiques ou utilisée en Allemagne si ouvertement, que son application par d'autres experts paraisse possible.

Examen. — Une commission spéciale est chargée de rechercher et constater la brevetabilité de l'invention qui lui est soumise. Si l'accueil est défavorable, la commission notifie et motive sa décision au demandeur, lequel peut faire opposition dans un délai déterminé et présenter ses arguments à l'appui.

L'accord du brevet étant décidé par la commission, la publication de la demande a lieu dans le *Journal officiel* de l'empire, et, pendant les *huit semaines* suivantes, toute personne intéressée peut s'opposer à la délivrance définitive du privilège. Un délai de *quatre semaines* est donné à l'inventeur pour présenter sa défense, moyennant un droit de 20 marks (25 francs). S'il échoue, il peut, en dernier ressort, faire appel devant la cour suprême de l'empire.

Aussitôt le brevet accordé, l'administration en publie l'avis et délivre un titre à l'inventeur.

Le public a la faculté de prendre connaissance des brevets et en obtenir des copies.

Nature et durée. — Le privilège accordé est un *Brevet d'invention*, dont la durée maximum est de *quinze années*, à compter du lendemain de la déclaration de la demande.

Le gouvernement délivre des *certificats d'addition*, expirant en même temps que le brevet auquel ils se rattachent et donnant lieu à une taxe unique de 50 marks (62 fr. 50).

Date. — Le brevet prend date du lendemain de l'enregistrement de la demande.

Taxes. — Les taxes de requête et d'accord d'un brevet sont de 50 marks. La deuxième annuité est de même somme; après quoi, les renouvellements progressent de 50 marks chaque année, jusqu'à la quinzième et dernière, qui est de 700 marks.

Un délai de trois mois, à partir du dépôt, est accordé pour payer les annuités.

Exploitation. — Aux termes de l'article 11 de la loi, le brevet peut être retiré à l'expiration de *trois années :*

1° Lorsque le titulaire néglige d'appliquer l'invention en Allemagne dans des proportions convenables, ou du moins de faire le nécessaire pour assurer cette application; 2° lorsque, dans l'intérêt public, la délivrance de l'autorisation d'appliquer l'invention paraît requise et que le titulaire du brevet refuse néanmoins de délivrer cette autorisation moyennant une indemnité équitable et des garanties suffisantes.

Ainsi, bien que la constatation officielle de l'exploitation ne soit pas réclamée, le possesseur d'un brevet agira sagement en prenant ses précautions contre toute action en déchéance qui pourrait se produire.

Introduction. — Le breveté est libre d'introduire en Allemagne des objets similaires à son brevet fabriqués à l'étranger.

Cessions. — Toute cession ou mutation s'opère par acte authentique et est enregistrée officiellement.

GRAND-DUCHÉ DE LUXEMBOURG

Loi du 30 juin 1880.

Sont brevetables : Les nationaux et les étrangers, pourvu que leur domicile soit élu dans le Grand-Duché.

Examen. — L'administration se borne à constater l'accomplissement des formalités prescrites, la régularité de la déclaration et la conformité des documents déposés.

Nature et durée. — Les privilèges sont accordés sous le nom de ***Brevets d'invention*** et ont une durée de quinze ans.

Des *certificats d'addition* peuvent être annexés au brevet primitif moyennant une taxe unique de 10 francs.

Date. — Le brevet court du jour du dépôt.

Taxes. — Il est payé une taxe annuelle et progressive ainsi qu'il suit :

1re année,	10 francs.	
2e —	20 —	
3e —	30 —	

et ainsi jusqu'à la quinzième, qui est de 150 fr.

Un délai de trois mois, à compter du dépôt, est accordé pour le renouvellement d'un brevet.

Exploitation. — Le brevet peut être retiré, après trois ans, par arrêté royal grand-ducal, sauf recours au Conseil d'État si le breveté néglige d'exploiter son invention suivant une proportion convenable. De même, après trois ans, il pourra être déclaré, par arrêté royal grand-ducal, sur l'avis du Conseil d'État, que l'intérêt public exige que le droit d'exploiter une invention brevetée soit également concédé à une ou plusieurs autres personnes qui en font la demande. Dans ce cas, comme dans celui où l'État même s'emparerait de l'invention, les garanties et indemnités dues au breveté lui sont offertes, et, s'il ne les accepte pas, une décision judiciaire intervient.

Introduction. — La loi ne s'oppose pas à l'introduction, par le breveté, d'objets analogues fabriqués à l'étranger.

Cessions. — Les cessions, partielles ou totales, de brevets, sont enregistrées officiellement.

AUTRICHE-HONGRIE

Loi du 15 août 1852.

Sont brevetables : Tous solliciteurs, Autrichiens ou étrangers, pour une invention ou amélioration non encore exploitée dans l'empire ni décrite dans un ouvrage imprimé. L'importation d'une invention n'est brevetable qu'autant qu'elle est encore privilégiée à l'étranger. Le brevet n'est alors accordé qu'au titulaire du brevet ou à ses ayants droit.

Examen. — Les demandes ne passent pas d'autre examen que celui relatif à la régularité des documents déposés.

Nature et durée. — Les brevets d'*invention* sont de quinze ans et ceux d'*importation* prennent fin avec le privilège étranger. Selon le désir du titulaire, le brevet est public ou tenu secret dans les archives officielles; mais, dans ce dernier cas, la contrefaçon n'est punissable qu'autant que l'inventeur a révélé aux contrefacteurs l'existence de ses droits.

Taxes. — Outre les impôts de municipalité et de timbres, les taxes sont de 25 florins ou 62 fr. 50 c. pour chacune des cinq premières années, et pour les annuités suivantes :

6e	année,	37 fl.	50	11e	année,	75 fl.	»
7e	—	43	75	12e	—	87	50
8e	—	50	»	13e	—	100	»
9e	—	56	25	14e	—	112	50
10e	—	62	50	15e	—	125	»

Exploitation. — Le brevet doit être exploité dans l'année de la concession ; l'administration ne procède plus à la constatation de mise en œuvre ; c'est au titulaire à se mettre en mesure de fournir, le cas échéant, la preuve qu'il a satisfait à la loi.

Introduction. — Le titulaire peut introduire du dehors des objets semblables à ceux brevetés, mais cela ne tient pas lieu de l'exploitation exigée par la loi.

Cessions. — Les cessions sont totales ou partielles ; elles sont enregistrées, publiées, et mention en est faite sur le titre même ou attestées sur un document spécial.

ITALIE

Loi du 3 février 1855, étendue aux Etats romains le 1er janvier 1871.

Sont brevetables : Les nationaux et les étrangers.

Examen. — L'examen n'a pour but que de vérifier l'accomplissement des prescriptions administratives. Les découvertes purement théoriques et celles relatives aux boissons, comestibles et médicaments, ne peuvent faire l'objet d'un brevet.

Nature et durée. — Les privilèges sont accordés comme *brevets d'invention* et comme *brevets d'importation ;* ces derniers prennent fin avec le privilège étranger, et les premiers ont une durée maximum de quinze ans, à compter du dernier jour de l'un des mois de mars, juin, septembre et décembre, le plus rapproché du jour où l'attestation a été demandée. Tout brevet demandé pour moins de quinze ans peut être prolongé jusqu'à cette durée.

Certificats d'addition. — La loi accorde des *privatives complémentaires* ou certificats d'addition, dont la durée est limitée à celle du brevet principal auquel ils se rapportent et sont annexés.

Date. — La date du brevet est celle de l'enregistrement de la demande.

Taxes. — Chaque attestation de brevet entraîne le payement de deux taxes : l'une, proportionnelle, composée d'autant de fois 10 francs qu'il y a d'années assignées dans la demande du brevet; l'autre, annuelle, qui est de 40 francs pour chacune des trois premières années; de 65 francs pour les quatrième, cinquième et sixième années; de 90 francs pour les septième, huitième et neuvième années; de 115 francs pour les dixième, onzième et douzième années, et de 140 francs pour chaque année restante. Tout certificat d'addition donne lieu à une taxe unique de 20 francs. Les prolongations des brevets sont soumises à un droit supplémentaire de 40 francs.

Exploitation. — Une année est accordée, à partir de la délivrance du privilège, pour l'exploitation des brevets de cinq ans et au-dessous, et deux années pour ceux de six ans et au-dessus. La loi exige en outre qu'il n'y ait pas interruption d'exploitation de plus d'un an pour les premiers et de deux ans pour les seconds. Toutefois, la déchéance n'est pas encourue si l'inaction a été motivée par des causes indépendantes de la volonté du breveté, hormis les raisons pécuniaires, qui ne sont pas admises.

Introduction. — Le breveté peut importer en Italie des objets analogues fabriqués à l'étranger, sans pour cela être dispensé de satisfaire à la loi sous le rapport de la mise en œuvre sur le territoire italien.

Cessions. — Les transmissions de brevets ou privatives industrielles sont totales ou partielles et nécessitent le payement des annuités dues pour toute la durée du brevet. Elles sont enregistrées au ministère et publiées par le *Journal officiel.*

ESPAGNE ET COLONIES

CUBA, PORTO-RICO ET PHILIPPINES

Loi du 21 juillet 1878.

Sont brevetables : Les nationaux et les étrangers, pour machine, appareil, instrument ou procédé mécanique ou chimique nouveau, en tout ou en partie. Le premier introducteur, inventeur ou non, peut être valablement breveté.

Examen. — Il n'y a pas d'autre examen que celui destiné à constater la conformité des pièces et l'accomplissement des formalités voulues.

Nature et durée. — L'Espagne délivre des *brevets d'invention* pour *vingt ans*, quand il n'existe aucun brevet étranger antérieur ou que ce brevet étranger n'est pas encore concédé. Dans le cas contraire, c'est-à-dire lorsqu'il y a lieu de déclarer un brevet délivré par un autre pays dans les *deux années précédentes*, le brevet d'invention a seulement une durée de *dix ans*. Ces deux années expirées, le brevet n'est que de *cinq ans*.

A tout autre que l'inventeur lui-même, un *brevet d'importation* ou *d'introduction* est accordé pour *cinq ans*.

Des *Certificats d'addition* peuvent être déposés à la suite du brevet primitif d'invention ou d'introduction, avec lequel ils prennent fin.

Date. — La garantie est effective dès le dépôt de la demande et la durée part de l'accord du brevet.

Taxes. — La taxe, qui est de 10 francs pour la première année, augmente de 10 francs chaque année suivante; elle est donc de 200 francs la vingtième année. Les frais de pétition et du diplôme sont, en outre, à la charge du breveté.

Une taxe de 25 francs, une fois payée, est due pour tout dépôt de certificat d'addition.

Exploitation. — Deux années sont accordées pour la mise en œuvre; un délai supplémentaire de six mois peut être obtenu. La justification en est faite devant le directeur du Conservatoire des Arts.

Introduction. — La loi ne défend pas l'introduction par le breveté d'objets similaires fabriqués à l'étranger.

Cessions. — La cession d'un brevet a lieu par acte public, en langue espagnole ou autre; les frais de traduction officielle demeurent à la charge de l'intéressé. Toutes les annuités à courir doivent être acquittées. Pour être valable en Espagne, l'acte de cession est enregistré au Ministère des travaux publics, à Madrid.

PORTUGAL

Loi du 31 décembre 1852.

Sont brevetables : les nationaux, étrangers et premiers introducteurs d'une découverte qu'ils ont déjà fait breveter en d'autres pays.

Examen. — Les brevets sont délivrés sans examen et par conséquent sans garantie.

Nature et durée. — Les brevets sont ou d'*invention* pour une durée d'un an à quinze ans, au gré du demandeur, ou d'*introduction* pour une durée limitée à celle du privilège étranger. Le laps de temps demandé ne peut être prolongé.

Date. — Le solliciteur n'entre en jouissance de son brevet que le jour de l'accord du titre; mais le dépôt de sa pétition fait foi pour la priorité.

Taxes. — La taxe est de 6,000 reis (30 francs) pour chaque année du privilège. Il est, en outre, dû divers droits, tels que légalisation et copies authentiques de la procuration, timbres, recherches d'antériorités aux archives du ministère, etc., et s'élevant à environ 400 francs.

Exploitation. — L'exploitation est exigée dans la première moitié du terme pour lequel le brevet a été concédé.

Introduction. — L'administration ne défend pas l'introduction de l'objet breveté, mais cela n'exclut pas la mise en pratique réclamée par la loi.

Cessions. — Les droits du breveté sont transmissibles comme toute autre propriété, c'est-à-dire par vente, don, héritage, testament, etc. On est tenu seulement d'en faire la déclaration au ministère compétent.

DANEMARK

—

Sont brevetables : les nationaux et les étrangers, inventeurs ou premiers importateurs.

Examen. — Les brevets sont accordés après un examen peu sévère.

Nature et durée. — Les *brevets d'invention* ont une durée qui, au gré de l'administration varie de trois à vingt ans, et celle des brevets d'*importation* est limitée à cinq années.

Date. — Le privilège prend date du jour où la demande est accueillie.

Taxes. — Le gouvernement perçoit pour chaque brevet un droit de 17 ou 34 rixdalers d'argent, soit 60 ou 120 francs, selon que la demande est formulée par une ou plusieurs personnes. A ces frais s'ajoutent ceux de papier, de timbres et de publication dans les journaux officiels.

Exploitation. — La mise en exécution de l'objet du brevet doit commencer dans la première année de la délivrance du titre et continuer sans interruption.

Introduction. — Les brevetés, danois ou étrangers, ne peuvent s'opposer à l'introduction de produits semblables de source étrangère.

Cessions. — La vente d'un brevet n'est pas admise ; mais le titulaire et le cessionnaire peuvent, conjointement, présenter une demande et obtenir que, pour le temps restant à courir, un nouveau brevet soit délivré au nom dudit cessionnaire.

SUEDE

Ordonnance du 19 août 1856.

Sont brevetables : les nationaux et les étrangers en tant que véritables auteurs de la découverte.

Examen. — Bien que l'examen soit assez minutieux de la part du Collège du commerce, l'objet de la demande n'est pas, pour cela, placé sous la garantie du gouvernement en ce qui touche la nouveauté absolue et le succès de l'invention.

Nature et durée. — Le gouvernement suédois n'accorde que des *brevets d'invention* avec une durée variant de trois à quinze ans, selon la nature et l'importance de la découverte.

Date. — Le brevet court du jour de la signature du titre, bien que la priorité soit assurée aussitôt la demande formulée.

Taxes. — Les seuls droits à payer consistent en frais administratifs, de publication et de triple insertion dans le journal officiel, frais atteignant environ la somme de 75 rixdalers, soit 270 francs.

Exploitation. — Le délai d'exploitation du brevet varie de un à quatre ans.

Introduction. — L'administration tolère l'introduction par l'inventeur d'objets similaires fabriqués à l'étranger.

Cessions. — L'autorisation du Collège du commerce est indispensable pour opérer le transfert d'un brevet.

NORVÈGE

Loi du 19 juillet 1839.

Sont brevetables : les nationaux et les étrangers, en tant qu'inventeurs.

Examen. — Les demandes sont soumises à une commission d'examen qui donne quelquefois des refus non motivés et exige que l'invention soit nouvelle, utile et d'une certaine valeur.

Nature et durée. — Les privilèges norvégiens sont délivrés comme *brevets d'invention;* leur durée varie de cinq à dix ans.

Date. — La date du brevet est celle de l'accord.

Taxes. — Il n'y a pas de taxe proprement dite, mais on doit payer à l'avance des frais de publication et de timbres montant à environ 20 species dalers ou 120 francs.

Les dispositions sont les mêmes que pour la Suède en ce qui concerne l'*exploitation*, l'*introduction* et les *cessions*, à part cette particularité singulière que quand la demande d'un brevet est faite en même temps par plusieurs personnes, la renonciation de la première d'entre elles à ses droits exclusifs annule ceux de toutes les autres.

SUISSE

La Suisse n'a pas encore de loi sur les brevets d'invention. Seules, jusqu'à présent, les marques de fabrique et de commerce sont protégées par la loi fédérale du 19 décembre 1879. Elle considère comme telles : les raisons de commerce, ainsi que les signes placés à côté ou en remplacement de celles-ci, qui figurent sur les produits ou marchandises, industriels ou agricoles, ou bien sur leur emballage ou enveloppe, afin de les distinguer et d'en constater la provenance.

La durée d'une marque est de quinze années, que le titulaire peut continuer d'une ou plusieurs périodes égales.

Pour le dépôt, pour un renouvellement et pour une transmission de marque, il est perçu un droit fixe de 20 francs.

Des peines sont édictées vis-à-vis des contrefacteurs et usurpateurs de marques.

BRÉSIL

Décrets des 28 août 1830, 24 avril 1869 et 9 avril 1870.

Sont brevetables : les nationaux et étrangers, inventeurs ou importateurs.

Examen. — Les brevets sont délivrés, après examen préalable du ministre compétent et des Chambres, pour des inventions ou des perfectionnements.

Nature et durée. — Le Brésil ne délivre que des *brevets d'invention* dont la durée, variable de cinq à vingt ans, est fixée par l'administration et commence au jour de la délivrance du titre. L'*importateur* d'une découverte n'a droit qu'à une *prime d'encouragement*.

Date. — Le privilège prend date du jour où il est concédé.

Taxe. —Indépendamment de la taxe officielle, de 200,000 reis (100 francs environ) et des droits d'enregistrement et de timbres de 200 francs, la demande d'un brevet entraîne à des frais assez considérables de grand sceau, de légalisations, formalités administratives, etc., évalués à 1,000 francs.

Exploitation. — Deux années sont accordées pour la mise en pratique de l'invention.

Cessions. — Le transfert d'un privilège a lieu dans les mêmes formes que la transmission de toute espèce de propriété.

COLOMBIE (République ou États-Unis de)

Loi du 13 mai 1869.

Sont brevetables : Les inventeurs seuls, nationaux ou étrangers, pour toute invention ou tout perfectionnement dans l'industrie, les arts et les sciences.

Examen. — Les privilèges sont accordés sans examen préalable du plus ou moins de nouveauté, de mérite et d'utilité de l'invention.

Nature et durée. — La Colombie accorde des *patentes d'invention* dont la durée maximum est de *vingt ans.* — Si le demandeur possède déjà un brevet dans un autre pays, le privilège colombien prend fin avec ledit brevet étranger.

Date. — La garantie part du jour de la requête et la durée de la patente compte de la date d'accord.

Taxes. — Payables d'avance pour toute la durée du privilège, les taxes sont de 5 à 10 pesos (25 à 50 francs) par chaque année concédée, plus certains droits d'enregistrement; le maximum de 10 pesos est exigé lorsque la patente est de moins de vingt ans.

Exploitation. — L'invention doit être exploitée dans l'année de la concession et, à moins de cas fortuits, ne pas être suspendue plus d'une année pendant toute la durée de la patente.

Introduction. — La loi n'interdit pas l'introduction de l'étranger, mais ne l'admet pas comme tenant lieu de l'exploitation.

Cessions. — Une patente en Colombie se cède et se transmet ainsi que toute autre propriété.

CHILI — PÉROU
NOUVELLE-GRENADE

Les dispositions réglant la propriété industrielle sont analogues pour chacune de ces contrées ; nous les renfermons donc dans le même résumé.

Sont brevetables : Les nationaux et les étrangers, comme inventeurs ou premiers importateurs.

Examen. — Les brevets sont accordés sans examen préalable du plus ou moins de nouveauté de la découverte.

Nature et durée. — Ces différents gouvernements délivrent des *brevets d'invention* et des *brevets d'importation ;* leur durée, fixée par le pouvoir législatif, est de vingt-cinq ans au minimum. Le concessionnaire est tenu d'initier un certain nombre d'habitants à l'exploitation de son invention.

Date. — Le privilège court à partir de la délivrance du titre.

Taxes. — Les taxes et frais administratifs s'élèvent à peu près à 1,500 francs.

Exploitation. — L'exploitation est prescrite dans le plus bref délai ; mais il est à remarquer que l'*introduction* des objets brevetés satisfait à la loi.

Cessions. — Les cessions s'effectuent de la même manière que toute transmission de propriété.

RIO-DE-LA-PLATA

Loi de la Confédération argentine du 15 octobre 1855.

Sont brevetables : les nationaux et les étrangers, inventeurs ou premiers introducteurs.

Examen. — Les privilèges sont délivrés sans examen préalable, bien que la loi stipule que l'absolue nouveauté, dans toute l'étendue de la République, est de rigueur.

Nature et durée. — Les brevets sont d'*invention* de dix ans, de *perfectionnement* ou d'*importation* de cinq ans.

Date. — La date est celle du dépôt de la requête.

Taxes. — La taxe est de 508 pesos (2,700 francs) pour les brevets d'invention, et le double pour ceux de perfectionnement ou d'importation. Le payement en est exigé dans les six premiers mois, sous peine de déchéance.

Exploitation. — Elle doit avoir lieu dans l'année de la concession.

Introduction. — La loi ne stipule rien à ce sujet.

Cessions. — Les transmissions de brevets s'opèrent dans les mêmes formes que celles de propriétés mobilières quelconques.

PARAGUAY

Loi du 20 mai 1845, présentant beaucoup d'analogie avec la loi française de 1844.

Sont brevetables : les nationaux et les étrangers, en tant que véritables inventeurs.

Examen. — Les demandes ne sont soumises à aucun examen préalable.

Nature et durée. — Le Paraguay délivre des *brevets d'invention*, *de perfectionnement* et *d'importation* pour cinq à dix ans; ce terme peut être prolongé et d'autres avantages sont accordés si la découverte a assez d'importance pour exiger une protection extraordinaire. Le brevet d'importation finit six mois après le brevet étranger.

Date. — Le temps du privilège commence le jour du dépôt des pièces jointes à la requête.

Taxes. — Les seuls frais à acquitter proviennent de dépenses administratives, lesqelleus sont variables.

Exploitation. — Deux années sont accordées à l'inventeur ou à ses ayants droit pour la mise en œuvre d'une découverte brevetée ; le défaut d'exploitation dans un délai maximum de deux années peut entraîner la déchéance.

Introduction. — L'introduction n'est assujettie à aucune disposition légale ou administrative.

Cessions. — Le titulaire d'un brevet peut disposer de son titre comme d'une propriété mobilière quelconque.

TABLE DES MATIÈRES

Paris. — Imp. Gauthier-Villars, 55, quai des Grands-Augustins.

Paris. — Imp. Gauthier-Villars, quai des Grands-Augustins, 55.

www.ingramcontent.com/pod-product-compliance
Ingram Content Group UK Ltd.
Pitfield, Milton Keynes, MK11 3LW, UK
UKHW031925260826
14628UKWH00003B/1428

9 782012 967724